LA DESCRIPTION DES ARCS DE TRIOMPHE

Esleués dans les places Publiques pour l'Entrée de la Reyne.

Auec la veritable explication en Prose, & en Vers des Figures, Ouales, Termes, Portiques, Deuises, & Portraits, qui sont tant aux Faux-Bourg que Porte S. Antoine, Cymetiere S. Iean, Pont Nostre-Dame, Marché Neuf, Place Dauphine, &c. Ensemble diuerses Remarques Curieuses & particulieres pour les amateurs de l'Histoire.

Et l'Ordre que leurs Majestez obserueront dans leur Marche depuis Vincennes jusques au Louure.

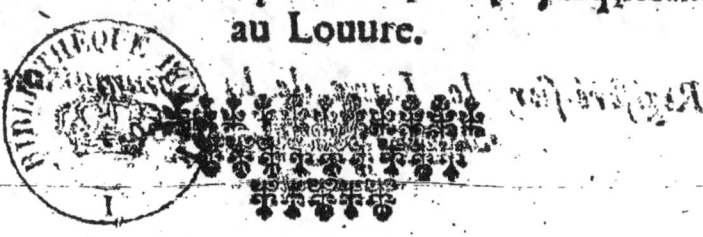

A PARIS,
Chez Iean Baptiste Loyson, ruë Saint Iacques, prés la Poste, à la Croix Royalle.

M. DC. LX.
AVEC PRIVILEGE DV ROY.

Extraict du Priuilège du Roy.

LE Roy par ses Lettres Patentes, données à Paris le vingt May, 1660. Signé Cebret, il est permis au Sieur F. C. de faire Imprimer, vendre & debiter toutes ses Oeuvres, tant en Vers qu'en Prose, & ce pendant le temps de 30. années. Et deffences sont faites à tous Imprimeurs & Libraires, d'en vendre, ny debiter que de celles dudit exposant, sous pretexte d'augmentation, changement, ou autrement, en quelque sorte & maniere que ce puisse estre, à peine de cinq cens liures d'amende, confiscation des Exemplaires, de tous dépens, dommages & interests, ainsi qu'il est plus amplement porté par ledit Priuilège.

Et ledit Sieur F. C. a cedé & transporté le dit Priuilege au Sieur Loyson, pour l'Impression du present discours ainsi qu'il est porté par l'acord fait entre eux.

Registré sur le Liure de la Communauté le vingtiesme May 1660.

LA DESCRIPTION DES ARCS
de Triomphe esleués dans les Places Publiques, pour l'entrée de la Reyne

Auec la veritable explication en Prose & en Vers des Figures Ouales, Termes, Portiques, Deuises, & Portraits, qui sont tant au Faux-Bourg que Porte S. Antoine, Cimetiere S. Iean, Pont Nostre-Dame, Marché Nuf, Place Dauphine. Ensembles diuerses remarques Curieuses pour les Amateurs de l'Histoire.

Et l'Ordre que leurs Majestez obserueront dans leur marche depuis Vincennes jusques au Louure.

CE n'est pas assez de trauailler pour les François, il faut donner quelque chose aux Estrangers, qui ne pouuant pas estre presens aux manificences, qui se preparent à Paris, pour la superbe entrée de nostre Auguste Reyne, seront bien-aise de lire particulierement les choses les plus considerables qui s'y feront veuës. Et comme à mon gré le Pont-Nostre-Dame est la premiere piece qui se doit remarquer, tant à cause qu'il est en possession d'estre le principal & le plus beau passage de nos Rois, lorsque la Ville leur decerne quelque Triomphe. Que parce qu'il est le plus ancien, le mieux basty, le plus beau de tous ceux qui leur seruent d'ornement, & celuy où l'on a pris plaisir d'eleuer quantité de riches Figures, de Thermes, de Niches, d'Arcs de Triomphes, & autres raretés, qui dépendent de la Sculpture & de l'Architecture; Ie ne sçaurois m'empescher d'en faire vn recit particulier, pour en conseruer vne Eternelle Memoire, & pour la satisfation de toutes les Nations, qui ne sont iamais venuës en ce Royaume, & qui peut-estre n'y viendront iamais. Ie m'attacheray donc sur tout à faire l'Abbregé de l'Histoire des Rois, qui sont representez dans chacune Oualle des deux costez de ce superbe Pont: lesquels sont accom-

A

pagnez d'vne deuife conuenable à leur inclination, & au temps de leur Regne. Ces Portraits à plume peuuent commencer à Pharamond, premier Monarque des François, & finissent à Loüis XIV. à present regnant tout brillant de la gloire qu'il s'est acquise par ses fameuses conquestes, par la Paix qu'il nous a procurée, & par sa Pieté qui n'a point d'exemple. C'est donc ainsi que commencent ces deuises, inuentées par vn excellent homme de la Compagnie de Iesus, qui s'est fait connoistre depuis long-temps par ses fameux Ouurages, mais particulierement par le Poëme, qui porte pour titre le nom du plus saint des Rois de la Maison de France. Et c'est de la sorte que je les ay traduites en Vers, ou plustost paraphrasées, pour le soulagement de ceux qui n'entendent pas la langue Latine.

Pharamondus I. Rex Franc. Pharamond I. Roy de France.
Imperium sine fine dedi.
J'ay fondé cet Estat sur de si fermes Loix
Qu'on ne peut voir la fin de l'Empire François.

En effet, il policia si bien son Royaume qu'il fut fort aimé de son peuple ; & les Loix qu'il fit, furent appellées Saliques ou Ripuaires, Soit à cause que les François se tenoient alors auprès du fleuue Sals, ou bien à cause de Selgestadt, qui estoit vne des principales villes de la Germanie.

Clodio II. Rex Franc. Claudion II. Roy de France.
Roma vix cessimus uni.
Quoy que Rome se vante, il faut qu'elle concede
Que l'Empire François à grand'peine luy cede.

Car il prit l'occasion de battre les Romains, & de les vaincre, lorsqu'ils y pensoient le moins, & que Ætius leur Capitaine faisoit la guerre contre les Vandales. Ce fut luy, qui le premier establit la Loy de porter de grands cheueux, pour marque de franchise & de liberté, & prit pour deuise *barba & cæsaries decent.*

La barbe & les cheueux sont l'ornement de l'homme.

Meroueus III. Rex Franc. Meroüée III. Roy de France.
Nobis ferus, Attila cepit.
Le cruel Attila malgré son fier courage
Redouta mon épée & tomba sous mes coups.

Il a esté le premier qui a passé dans les Gaules, & qui y a estably son Empire : d'où vient que l'on appella les François Merouingiens gions, tant il se fit redouter par ses Armes, qu'Attilla Roy des Huns, surnommé le fleau de Dieu, ressentit aussi bien que les autres, puisqu'il perdit contre luy dans la plaine Catalonique proche d'Orleans, cent soixante mille hommes en bataille rangée.

Chilpericus IV. Rex Franc. Chilperic IV. Roy de France.
Redij virtute decorus.
Ie descendis du Throne, & l'on sçait dans l'Histoire.
Qu'on m'y vit remonter avecque plus de gloire.

Chilperic eut l'obligation de son restablissement à Vidomare son Amy qui le remit bien dans l'esprit des François, & qu'il gouuerna depuis auec assez de douceur; La premiere victoire qu'il eut, fut sur Gillon que l'on auoit éleué sur le Throne en sa place, qui luy liura la ville d'Agrippine, laquelle il fit aussi-tost appeller Cologne.

Clodoueus V. Rex Franc. Clouis V. Roy de France.
Salus mihi coniuge parta est.
Si quittant les faux Dieux, le vray Dieu fut mon but,
Ce fut ma femme enfin qui causa mon salut.

Sainte Clotilde ou Clotte conuertit Clouis à la foy Catholique, apres la bataille de Tolbiac qu'il erigea en Duché appellée l'Allemagne, & ce Monarque heureux dans ses entreprises, vainquit ensuitte Alaric Roy des Visigots qui estoit Arrien: Et s'en vint à Paris où il mit le siege de son Royaume, comme dans la Capitale; & où tous les autres Rois l'ont tenu depuis luy, sinon lorsqu'ils ont esté appellez parmy d'autres Nations, ou pour y estre Couronnez, ou pour y faire la guerre. Ce grand Prince qui n'aima que les œuures pieuses, fit bastir l'Eglise de sainte Geneuiefue de Paris, qui d'abord auoit esté dediée à S. Pierre & S. Paul; pour faire connoistre la verité de sa deuise, qui estoit.

Incendo quod adoraui, adoro quod Incendi.
Ie brûle ce que i'ay adoré, & i'adore ce que i'ay brulé.

Childebertus VI. Rex Franc. Childebert VI. Roy de France.
Armatus terror iberi.
I'ay fait par ma valeur trembler dans la campagne
Les Aigles de l'Empire, & les Lyons d'Espagne.

D'autant qu'il porta ses Armes contre Almaric Roy des Visigots, qui se répandoient par toutes les Gaules, & les recogna iusqu'en Espagne, où il retourna encore vne seconde fois auec

B

son frere Clottaire, assiegeant la ville de Sarigosse, & l'emportant malgré les efforts des Espagnols. Il donna mesme de la peine aux Ostrogots qui regnoient en Italie; & l'Allemagne sentit bien aussi, qu'il ne falloir pas se joüer à vn Prince si heureux dans toutes ses entreprises.

Clotarius VII. Rex Franc. Clotaire VII. Roy de France.
Vicit amor patriæ.

Ie fus si fort vaincu d'amour pour ma patrie
Que j'eusse mis pour elle & mon sang & ma vie.

Parce qu'il sacrifia Cranne son propre fils, qui s'estoit rebellé plusieurs fois contre son pere, & qui auoit troublé la France par de cruelles guerres.

Cherbertus VIII. Rex Franc. Cherebert VIII. Roy de Franc.
Themidi Musarum numina Iunxi.

Quoy que ie fusse né pour les trauaux de Mars
I'ay fait fleurir Themis, les Muses & les Arts.

Le regne de Cherebert fut troublé de guerres intestines, ce qui n'empescha pas que les sciences ne fussent en honneur, qui seruoient d'adoucissement aux maux que souffre vn royaume diuisé.

Chilpericus IX. R. Franc. Chilperic II. du nom, IX. Roy de Fr.
Infaustis Auibus rexi.

I'ay monté dans le Throne en vn temps, où l'assure
Que tout estoit pour moy de fort mauuais augure.

On pourroit dire encore pour expliquer mot à mot, *i'ay fait mentir mon horoscope,* veu qu'il n'y auoit guere d'apparence qu'il pust estre Roy, puisque Sigisbert son frere occupoit le Trône, & qu'il auoit encore Gontran son puisné qui contestoit tousiours le Royaume à ses freres.

Clotarius X. Rex Fr. Clotaire III. du nom, X. Roy de France
De spinis rosa nata fuit.

Mon Estat fut troublé de guerres intestines
Mais i'ay veu succeder les roses aux épines.

Clottaire n'auoit que quatre mois quand il paruint à la Couronne; ainsi la France eut beaucoup à souffrir sous la Minorité de ce Roy dans vn temps, particulierement ou toute l'authorité estoit entre les mains des Maires du Palais. Mais dés qu'il fut Majeur, & qu'il eust pris le maniment des affaires, il fit bien voir qu'il auoit tout à esperer & rien à craindre; & voulut mesme que sa deuise

fut telle. *Mens immota manet.* Rien ne m'ébranle.
Dagobertus XI. Rex Franc. Dagobert XI. Roy de France.
Multi post bella Triumphi.
Apres tant de combats & de sang répandu
Ie triomphe de tout quand on croid tout perdu.

Ste Prince eut quelques defauts il eut beaucoup de vertus, sa pieté fut grande aussi bien que son inclination à la Iustice ; la marque de l'vne fut l'Eglise de S. Denis en France qu'il fit bastir, & le témoignage de l'autre fut l'ordre & la police qu'il establit dans son Royaume, & qui le fit considerer de son peuple.

Clodoueus XII. Rex Fr. Clouis 11. du nom, XII. Roy de France.
Vigili stant regna Ministro.
La conduite & l'Esprit d'vn Ministre soigneux
Rend son Roy redoutable & son Estat heureux.

Clouis eut ce bon-heur, puisque dans son bas-aage il se trouua sous le gouuernement du Prince Ega, Maire du Palais, & apres sa mort d'Erembaut, qui tous deux façonnerent son Esprit, & le rendirent capable de tout entreprendre. Aussi ne ceda-t'il en rien à ses predecesseurs, tant à l'égard du courage que de la pieté, puisqu'il porta ses Armes en diuers endroits de l'Europe, & que dans vne cruelle famine qui suruint à Paris, il fit oster l'argent qui couuroit l'Eglise de S. Denis en France, & le fit exactement distribuer aux pauures de son Royaume.

Clotarius XIII. Rex Fr. Clottaire 4. du nom, XIII. Roy de Fr.
Claustro dislusimus hostes.
D'vn Conuent solitaire où mon sort m'auoit mis
I'eus le plaisir de voir perir mes Ennemis.

Passons ce regne sous silence, qui n'ayant duré que fort peu de temps, n'eust presque rien aussi de considerable.

Childericus XIV. R. Fr. Childeric 2. du nom, XIV. R. de Fr.
Dulcem mihi malo quietem.
La guerre en vn Estat apporte tant de maux,
Que i'aimay mieux gouter la douceur du repos.

En effet, il l'aima iusqu'au point qu'il ne se mesla de rien & se contenta de viure comme vn particulier, pendant qu'Vlfoade, & Leger Euesque d'Autun gouuernoient toutes les affaires.

Theodoricus XV. R. Fr. Theodoric ou Thierry XVe R. de Fr.
Donis Auximus Aras.
Du respect des Autels i'ay donné cent exemples
Augmentant de cent dons les thresors des saints Temples.
Son regne fut de 19. ans, & selon d'autres Historiens de 14.
Clodoueus XVI. Rex Fr. Clouis III. du nom, XVI. Roy de Fr.
Socia confidimus vni.
Ie me suis reposé dans toutes mes affaires
Sur vn seul, dont les soins m'ont esté necessaires.
Ce fut Pepin, sous lequel la Monarchie, qui depuis si long-temps auoit esté diuisée, se rassembla en vn Corps, & reconquit ainsi son premier lustre qu'elle auoit presque perdu par les diuisions precedentes. Les Saxons qui s'estoient détachez auparauant du seruice de nos Rois, se rangerent à force d'Armes sous leur obeïssance, aussi bien que les Sueues ou Sueuiens, qui les auoient imitez dans leur rebellion.

Childebertus XVII. Rex Fr. Childebert III. du nom, Roy de Fr.
Pius idem ac omnibus aquus.
Ie fut doux à chacun aussi bien qu'équitable
Et par ma pieté ie me rends aimable.
Les Phrisons embrasserent la Religion Chrestienne sous son regne; car les ayant vaincus, il ne voulut point conclure la paix auec eux, qu'ils ne promissent de quitter leur erreur : & pour cet effet, il leur enuoya vn Moine de sainte vie qui les instruisit & qui gagna d'abord seulement le peuple, car les grands se roidissants contre luy conseruerent leur vieille croyance tant qu'ils purent.

Dagobertus XVIII. R. Fr. Dagobert III. du nom, XVIII. Roy de F.
Breuis mihi gloria regni.
I'ay ioüy peu de temps de la gloire que donne
D'vn Royaume fameux l'éclatante couronne.
Voyant l'authorité des Maires du Palais qui s'aggrandissoit au prejudice de celle des Rois de France, & qu'ils rendoient insensiblement hereditaire vne charge qui n'estoit qu'electiue depuis tant d'années, Dagobert chassa Theodoal qui auoit esté le sujet de la diuision, ce qui luy acquit la bienueillance de son peuple, dont il ne joüit que cinq ans, puisqu'il ne fut que ce temps-là sur le Throne.

Daniel

Daniel siue Chilpericus XIX. Rex Fr. Daniel, autrement dit
Chilperic III. du nom, XIX. Roy de France.
Clauſtris fera ſceptra reliētis.
Le Sceptre des François fut toute mon eſtude
Si-toſt que j'eus pour eux quitté ma ſolitude.

Comme il eſtoit de la lignée Royalle, on le tira du Monaſtere où
il viuoit paiſiblement, pour le couronner Roy de France, & on
luy donna le nom de Chilperic l'an 715.

Childericus XX. Rex Fr. Childeric XX. R. de Fr. II. du nom.
Nos aliquid Nomen ceſſimus.
Mon nom plus reſpecté que pas vn nom du Monde
A fait aſſez de bruit ſur la Terre & ſur l'onde.

L'Allemagne, la Bauiere & la Saxe, ont particulierement reſ-
ſenti la force de ſes armes. Ce fut en ſa perſonne que finit la race
des Merouingiens, qui auoit duré l'eſpace de 2813. ans depuis
Meroüée.

Pipinus XXI. Rex Franc. Pepin XXI. Roy de France.
Meruit regnare vocatus.
Si la France autrefois m'appella dans ſon Throne
C'eſt que i'ay merité d'en porter la Couronne.

Ce grand Roy, fils de Charles Martel, fut Couronné à S. Denis, par Eſtienne Pape, ſucceſſeur de Zacharie l'an 752. Il re-
duiſit les Lombards, batit les Saxons, vainquit Vaifer Duc
d'Aquitaine, & reünit cette Prouince au Royaume de France.

Carolus-Magnus XXII. Rex Fr. Charlemagne XXIII. R. de F.
Canſilio maior qui magnus in Armis.
Si dedans les combats ie n'eus point de pareil
Ie fus beaucoup plus grand par mon ſage Conſeil.

La Gaſcongne & l'Aquitaine qui s'eſtoient ſouſleuées, furent re-
miſes par luy dans l'obeïſſance; il fit la guerre aux Saxons, enleua Didier iuſques dans Pauie, qu'il enuoya en exil à Liege,
tourna ſes Armes victorieuſes contre les Bretons, prit Pampe-
lune, & Sarragoſſe, vainquit les Sclauons, & les Vandales, qui
occupoient le pays de Brandebourg, & de la Pannonie, les
Huns & les Bauarois, qui tenoient la Pomeranie, il fut couronné Empereur l'an huit cens, fonda les Vniuerſitez de Paris, de
Boulongne & de Pauie, & deceda aagé de 72. ans, après vn regne de 46. années.

Ludouicus XXIII. Rex Franc. Louis fut nommé le Debonnaire,
XXIII. Roy de France.

Bis cado, bisque resurgo.

Ie suis tombé deux fois quoy que bien éleué
Mais deux fois aussi-tost ie me suis releué.

Ce Roy s'est veu en effet à deux doigts de sa ruine par la reuolte genereuses des Esclauons, des Gascons, des Sotabes, & de Bernard son neueu, qui s'estoit aussi rebellé contre luy; Mais reprenant vn nouueau cœur, il vainquit ceux qui l'auoient vaincu, & se fit glorieusement couronner Empereur, au grand contentement de tous ses peuples.

Carolus XXIV. Rex Franc. Charles II. du nom, dit le Chauue,
XXIV. Roy de France.

Pugnare & vincere doctus.

Plus ferme qu'vn rocher que rien ne peut abbatre
I'ay sceu vaincre par tout, des que i'ay sceu combatre.

Les Bretons & les Normands luy taillerent de la besogne; mais il les défit à platte couture; La noblesse de France s'arma aussi contre luy; toutefois il la sceut si bien reduire à la raison, qu'elle ne sortit plus des termes de son deuoir; il fut Couronné Empereur l'an 875. & mourut l'an 877.

Ludouicus XXV. Rex Franc. Louis II. du nom, dit le Begue,
XXV. Roy de France.

Tot per discrimina regno.

A la confusion des peuples Estrangers
Ie regne seurement au milieu des dangers.

Qui furent grands sans doute, puisqu'il eut affaire à ceux de dedans & de dehors son Royaume, qu'il prit le Pape Iean VIII. sous sa protection, & le restablit à la honte de ses Ennemis dans la Chaire de S. Pierre, dont il auoit esté chassé; après quoy pour reconnoissance, le Pape le Sacra, & le Couronna Empereur à Troye, d'où il s'en retourna en Italie.

Ludouicus & Carlomanus. Louis III. du nom, & Carloman
XXVI. Roy de France.

Rara hæc concordia fratrum.

Rarement a ton veu dans vn temps orageux
Deux freres mieux vnis que i'en voi ions deux.

Leur pere à sa mort auoit recommandé aux Grands de France que ces freres regnassent conjointement ensemble, ce qui fut exactement obserué. Il eurent la victoire contre vn nommé Boson, qui s'estoit fait Couronner Roy de Bourgongne, partagerent égallement entre eux le Royaume de France; & passant derechef sur le ventre aux Normands, en laisserent neuf à dix mille sur la place. Carloman mourut vn an apres Loüis, & ne regnerent pas plus de 5. à 6. années.

Odo XXVII. Rex Franc. Eudes, Eudon, ou Odon XXVII. Roy de France.

Summa petit Liuor.

Les Grands ont mille assauts qui trauersent leur vie
Mais le plus grand de tous est celuy de l'enuie.

Cette deuise est bien attribuée à Odon, puisqu'il fut obligé de tenir teste à plusieurs Seigneurs, qui vouloient faire passer le Sceptre François dans d'autres mains que dans les siennes.

Carolus XXVIII. Rex Franc. Charles III. du nom, dit le Simple, XXVIII. Roy de France.

Quo nec sincerior alter.

Iamais Roy des François n'eut auec verité
Plus de douceur que moy, ny de sincerité.

Ce fut sous son regne que la Neustrie changea de nom, qu'elle fut erigée en Duché, & qu'elle s'appella Normandie par le Comte Robert, qui la gouuerna comme son premier Duc.

Rodolphus XXIX. Rex Franc. Rodolphe ou Raoul, XXIX. Roy de France.

Summo dulcius vnum stare loco.

Le plaisir est plus doux dans vn estat suprême,
Quand vn Prince y tient pied, & le regit luy-mesme.

Ce Roy sans s'éloigner de son Royaume, porta ses Armes contre les Normands, vainquit Beranger qui occupoit l'Italie, & l'en chassa, contraignit Guillaume Duc d'Aquitaine de tenir son Estat de luy, & tailla de la besogne aux Lorrains, qui vouloient troubler la France par les secrettes pratiques de l'Empereur.

Ludouicus XXX. Rex Franc. Loüis IV. du nom, dit d'Outremer, XXX. Roy de France.

Terris me reddit æquor.

Sans dégainer l'épée & sans faire la guerre
I'ay passé de Thetis sur le sein de la terre.

Les Princes de France l'appellerent d'Angleterre, pour se saisir de la Couronne ; son regne fut puissamment trauersé par les Ducs de Normandie, d'Aquitaine, & de Bretagne. Enfin la paix se fit entre-eux, & le Roy mourut apres vn regne de vingt années.

Lotharius XXXI. Rex Franc. Lothaire XXXI. Roy de France.

Regnum extendimus Armis.
J'ay malgré mes riuaux & malgré leur tempestes
Estendu mon Estat par diuerses Conquestes.

Il acquit la Flandre, par la donation que luy en fit Arnulphe ; & apres la mort de l'Empereur Othon il se jetta dans la haute Lorraine, & laissa la basse à son frere, qui l'auoit euë du mesme Othon, pour contrecarer les desseins de L'othaire.

Ludouicus XXXII. Rex Franc. Loüis v. du nom, XXXII. Roy de France.

Terris hunc tantum ostenderunt fata.
A peine eus-je en mes mains le Sceptre des François
Que la mort m'enleua du Throsne de nos Rois.

Il fut le dernier de la seconde race & ne regna que deux ans, quoy que d'autres Historiens veulent qu'il ait regné d'auantage.

Hugo XXXIII. R. Franc. Hugues Capet XXXIII. Roy de Fr.

In melius nouos innouo Regnum.
Tout nouueau que ie sois dans ce fameux Estat
Ie veux de mieux en mieux augmenter son eclat.

Hugues Capet, fils de Hugues le Blanc, fut sacré à Reims, & fit pareillement Couronner Robert son fils six mois apres luy. Paris sous son regne commença à prendre le titre de Cité Royale, & les villes de Laon & de Reims furent incorporées au Domaine de France.

Robertus XXXIV. Rex Fr. Robert XXXIV. Roy de Franc.

Omnigenæ virtutis Alumnus.
Instruit dans les vertus, mes plus doux exercices
Furent quand ie fus Roy de combatre les vices.

Apres tout, sa pieté fut si grande, qu'il traita auec l'Empereur des affaires de la Religion, & de leur Royaume, ce qui n'empescha pas qu'il ne tint teste à ses Ennemis, & qu'il n'augmentast le reuenu de son Domaines par plusieurs Villes qu'il reduisit sous son obeissance.

Henricus

Henricus, *XXXV. Rex Franc.* Henry, XXXV. Roy de France.

Belli pacisque peritus.
Ie fus expert en Paix, ie fus expert en Guerre,
Et ie paſſay pour tel & ſur Mer & ſur Terre.

Quoy que Baudoin, Comte de Flandre, luy voulut diſputer la Couronne pour la donner à Robert ſon frere, ſi eſt-ce qu'il n'en pût venir à bout, & qu'Henry s'en empara comme legitime heritier du Trône.

Philippus XXXVI. Rex Franc. Philippe XXXVI. Roy de France.

Læta dedi primordia regni.
Mon regne fut heureux dans ſes commencemens;
Eût-il eu du malheur dans ſes derniers momens?

Ce fut pendant le regne de Philippe qu'il y eût vne grande & fameuſe entrepriſe ſur la ville de Ieruſalem par tous les Princes de France l'an 1089. qu'ils emporterent, & qu'ils donnerent à Godeffroy de Lorraine, dont il fut couronné Roy.

Ludouicus, XXXVII. Rex Franc. Louis VI. du nom, dit le Gros, XXXVII. Roy de France.

Imperio Regnoque potens.
Ie fus vn Roy puiſſant, l'Hiſtoire l'a ſceu dire,
Puis qu'on me vid ſi loin eſtendre mon Empire.

Les Grands du Royaume s'éleuerent contre luy; mais il en vint à bout, & ſoûtint enſuite la premiere guerre que les Anglois firent aux François, qui ne fut pas ſi-toſt eſteinte.

Ludouicus, XXXVIII. Rex Franc. Louis VII. du nom, dit le Ieune, XXXVIII. Roy de France.

Solimæ aſſertor claſſe redemi.
Ie couuris de vaiſſeaux les fleuues & les mers
Pour deliurer Solime, & la tirer des fers.

C'eſt qu'en effet il entreprit le penible voyage de la Paleſtine, aſſiegea Damiete, & fut en beaucoup d'autres lieux de la Terre Sainte.

Philippus, XXXIX. Rex Franc. Philippe II. du nom, dit Dieu Donné, XXXIX. Roy de France.

Si j'eus les qualitez & la vertu d'Auguſte,
Son ſurnom m'eſtoit deub, comme celuy de Iuſte.

Il continua le deſſein de Louis ſon Pere, paſſant en la Terre

D

Sainte, accompagné de Richard fils du Roy d'Angleterre, où il prit la ville d'Acre l'an 1193. Quelques années apres il fit couronner son fils Roy d'Angleterre, Richard estant mort, & l'enuoya contre les Albigeois pour exercer son ieune courage.
Ludouicus, XL. Rex Franc. Louis VIII. du nom, XL. Roy de Fr.

Metuendus in Heresim vltor.
J'ay fait voir aux François pour dompter l'Heresie,
Que ie n'épargnois point ny mon sang ny ma vie.

Quoy que son regne fut de peu de durée, il le rendit toutefois considerable par la prise de Niort, de S. Iean d'Angely & de la Rochelle. Amaury, fils du Comte de Montfort, luy abandonna aussi les droits qu'il auoit sur Alby Languedoc, Angenois, Quercy, & autres places; & cependant Louis emporta Auignon, receut toutes les Clefs des Villes du Languedoc, & mourut au retour de son voyage à Montpensier en Auuergne.

Sanctus Ludouicus, XLI. Rex Franc. Saint Louis, IX. du nom, XLI. Roy de France.

Decus addidit Cælo.
Quand ie quittay la Terre & volay dans les Cieux,
Ie fus bien-tost au rang des Astres precieux.

La sainteté de ce grand Roy est assez connuë; la Reine Blanche sa Mere en prit le soin; Il assiegea Damiete, la prit & deffit les Mamelus: mais la peste s'estant mise en son Camp, il luy falut ceder à la force du Soudan, & demeurer son prisonnier de guerre. Il fut deliuré neantmoins, reuint à Paris, retourna pour la seconde fois en la Terre sainte, passa en Afrique, prit Carthage, & assiegeant Thunis, il y mourut.

Philippus, XLII. Rex Franc. Philippe III. du nom, dit le Hardy, XLII. Roy de France.

Quam forti pectore & Armis.
Aussi vaillant de cœur que ie le fus des armes,
Ie ne redoutay point les plus fortes allarmes.

Aussi fut-il surnommé le Hardy parce qu'il estoit entreprenant & heureux dans ses entreprises. Il fit remetre entr'autres choses le Royaume de Nauarre sous l'obeïssance de Ieanne fille du deffunt Henry de Nauarre, & passa au Royaume d'Arragon qu'il conquit apres auoir tué son Roy luy-mesme.

Philippus XLIII. Rex Franc. Philippe iv. du nom, surnommé
le Bel, XLIII. Roy de France.
Forti cum conjuge fortis.
Comme auec ma vertu, ma force fus extréme,
J'eus vne Epouse aussi qui fut la force mesme.
Ce grand Roy fit bastir le Palais à Paris, & declara la guerre aux Anglois, qui demanderent la trefue, laquelle fut suiuie d'vne paix par le mariage de Margueritte de France auec le Roy d'Angleterre, ensuite dequoy Philippe se vangea des Flamands, & leur deffit plus de trente-six mil. hommes.

Ludouicus XLIV. Rex Franc. Louis x. du nom, XLIV. Roy de France.
Aspera semper amans.
Ie ne fis pour l'Estat que des choses vtiles,
Et n'entrepris iamais que les plus difficiles.
Ce fut sous son regne qu'arriua le triste sort d'Enguerand de Marigni. Et par l'ordre de ce grand Monarque le Parlement qui iusqu'alors auoit esté ambulatoire, fut fixé à Paris pour la commodité des parties.

Philippus XLV. Rex Franc. Philippe v. du nom, XLV. Roy de France.
Imperio potens tractare sereno.
Vn Roy ne doit agir que d'vn air agreable,
Quand dans vn grand Estat il veut se rendre aimable.
Le Comte de Neuers s'humilia deuant Philippe pour obtenir main-leuée de ses terres qu'il auoit saisies, & ce bon Prince sur la fin de ses iours adoucit les impositions qui estoient sur son peuple, & estoit sur le point de regler les poids, les Mesures & les Monnoyes lors qu'il paya le tribut à la Mort.

Carolus XLVI. Rex Franc. Charles iv. du nom, XLVI. Roy de France.
Extra formosus & intra.
Aux graces de l'esprit ioindre celles du corps,
C'est estre beau dedans aussi bien que dehors.
Il fut surnommé le Bel à cause de sa bonne mine & de son port maiestueux. Il passa pour vn grand Iusticier, & fidele Obseruateur des Loix. La guerre se renouuella contre l'Angleterre pour la troisiéme fois, & apres la trefue ce bon Prince mourut au Bois de Vincennes.

Philippus XLVII. Rex franc. Philippe de Valois VI. du nom,
XLVII. Roy de France.
Ramo auulſo non deficit alter.
Pour vn rameau perdu, le Ciel fait cette grace
Qu'on en void auſſi-toſt naiſtre vn autre en ſa place.
Parce que les deux Rois precedens eſtant morts il monta ſur le
Trône en qualité de leur Couſin germain, & ne ſe deſiſta point
de leurs premieres entrepriſes.

Ioannes XLVIII. Rex Francorum. Iean XLVIII. Roy
de France.
Vici quamquam victus.
Ie fus de mon honneur tellement curieux
Que meſme eſtant vaincu, i'eſtois victorieux.
Ce Roy fut l'Inſtituteur de l'Ordre de l'Eſtoille; & ayant fait la
paix auec les Anglois pour conjointement auec eux entreprendre vn voyage dans la Terre ſainte, il mourut à Londres ſans
effectuer ce glorieux deſſein.

Carolus XLIX. Rex franc. Charles V. du nom, dit le Sage,
XLIX. Roy de France.
Immanes potui ſuperare procellas.
I'ay diſſipé l'orage & vaincu la tempeſte
Qui ſembloient s'éleuer & gronder ſur ma teſte.
Il fut ſage effectiuement dans ſa conduite, & heureux dans ſes
deſſeins: Bertrand du Gueſclin, Duc de Longueville, acquit ſous
luy beaucoup de gloire, & gagna ſix ou ſept batailles ſur le Roy
de Caſtille.

Carolus L. Rex Francorum. Charles VI. du nom, L. Roy
de France.
Bonus omnibus, optimus vrbi.
Ma franchiſe enuers tous fut tellement connuë,
Que l'on n'en vid iamais vne plus ingenuë.
Il y eut de grandes guerres ſous ſon regne, & particulierement
contre l'Angleterre, qui finirent par vne treſue, laquelle fut rom-
puë par la mort de Richard qui auoit épouſé Iſabelle de France,
ſœur de Charles, que l'Anglois renuoya ſans doüaire: Ce qui oc-
caſionna le Duc d'Orleans de preſenter le combat fameux de ſept
François contre ſept Anglois en champ clos, où les Anglois de-
meurerent vaincus.

Carolus

Carolus LI. Rex Fr. Charles vii. du nom, LI. Roy de France.
Cœlum sub Virgine faustum.
Le Ciel en mon endroit se monstra favorable
Par vne Vierge enfin qui me fut sequrable.
Toute la terre sçait l'Histoire de la Pucelle d'Orleás qui deliura la France de la domination des Anglois, car Charles ayant institué Henry d'Angleterre heritier de son Royaume, & luy ayant donné Catherine de France pour femme, Henry apres sa mort s'en saisissait malgré Charles VII. qui ne pouuant le souffrir luy declara hautement la guerre, où la Pucelle par vn miracle visible, fit des choses qui viuront eternellement dans l'Histoire.
Ludouicus LII. Rex Franc. Louis xi. du nom LII. Roy de France.
Prudenti Callidus arte.
Pour regner dignement, le secret d'importance
C'est qu'vn Roy doit en tout consulter sa prudence.
Carolus LIII. Rex Fr. Charles viii. du nom, LIII. Roy de Fr.
Viam gaudens fecisse ruina.
Sur le débris d'autruy la France pouuoit croire
Que ie retablirois son bonheur, & ma gloire.
Charles profita de tout, & n'oublia pas de recueillir la succession que René Roy de Sicile luy laissa, c'est à sçauoir du Royaume de Naples, dont il alla prendre possession, & dont il fut Couronné Roy l'an 1495.
Ludouicus LIV. Rex Fr. Louis xii. du nom, LIV. Roy de Fr.
Viditque parentem Gallia.
Dés que la France m'eut éleué sur son Trosne
Elle eut vn second Pere en ma seule personne.
Il fit la Paix auec le Roy d'Espagne, contre lequel la France auoit eu long-temps la guerre, & conquirent ensemble le Royaume de Nauarre. Mais il ne perdu quelques années apres; il auoit eu encore deux victoires sur les Venitiens; il fut appellé Pere du Peuple, & le Vangeur des Ayeuls de Troye. *Vltor auor Troje.*
Franciscus LV. Rex Franc. François I. LV. Roy de France.
vt Hectora soluit Achilles.
Que ne vis-je en mes iours naistre vn second Hector
I'estois pour le combattre vn autre Achille encor.
Ce fut en effect vn donneur de Batailles; il prit Milan, & assiega Pauie, mais il y demeura prisonnier; deliuré qu'il fut il marcha contre l'Empereur, prit le Luxembourg, & d'autres Places, &

E

l'obligea par ses frequentes victoires de luy demander la paix.
Henricus LVI. Rex Fr. Henry II. du nom, LVI. Roy de France.
Ora Impia lege repreßi.
Par mes frequens Edits pleins de seuerité
I'ay triomphé du vice & de l'impieté.
Il succeda à la Couronne à pareil iour qu'il fut né, fit derechef
la guerre aux Anglois, renouuella l'Alliance auec les Suisses,
prit Calais, & mourut d'vn coup de Lance qu'il receut à l'œil,
aux réjoüissances des Mariages du Roy Philippe, & du Duc de
Sauoye auec Elisabeth de France & Marguerite sœur du Roy.
Franciscus LVII. Rex Fr. François II. du nom, LVII. Roy de Fr.
Ætas breuis aptaque regno.
Si la mort ne m'eut pris au printemps de mon âge
I'estois digne apres tout de regner dauantage.
Il ne regna que dix-huict mois, & fut Couronné par le Cardinal
de Lorraine Archeuesque de Reims, plusieurs entreprises furent
faites pour le fait de la Religion, qui ne succederent pas aux En-
trepreneurs, le Chancelier Oliuier mourut sous son regne, &
Monsieur de l'Hospital fut substitué en sa place.
Carolus LVIII. Rex Fr. Charles IX. du nom, LVIII. Roy de Fr.
Iustitiam pietas æquat.
Sa pieté Chrestienne égala sa Iustice,
Et son bras fut l'effroy des Esclaues du vice.
La Bataille de Dreux, où le Roy de Nauarre fut tué, la deuxi-
trois, & quatriéme guerre Ciuile, Les Edits de pacification, le
Siege de la Rochelle, son voyage à Bayonne, & celuy de la
Guyenne furent les principales choses qui se passerent, pendant
les quatorze années de son regne.
Henricus LIX. Rex Fr. Henry III. du nom, LIX. Roy de Fr.
Externa patriam præpono Corona.
Ie preferay la France au milieu des dangers
Aux sceptres glorieux des pays Estrangers.
Parce que quittant son Royaume de Pologne, il vint secrette-
ment se faire declarer Roy de France, Institua l'Ordre du S. Es-
prit; & apres quelques années de calme, la Tempeste de la li-
gue s'éleua qui fit de grands desordres par tout, particuliere-
ment à Paris, d'où il fut obligé de se retirer auec vne puissante
Armée.

Henricus LX. Rex Fr. Henry IV. du nom, LX. Roy de France.
Ferro mea regna redemi.
J'ay sauué mon Estat par la force du fer
Et de mes Ennemis on m'a veu triompher.

Il entra glorieux auec toute son armee dans la Ville de Paris, qu'il auoit tenuë assiegée fort long-temps, & y restablissant la Religion & la Iustice, il fut fort aimé de son peuple, & regna paisiblement, iusqu'au iour destiné pour l'entrée magnifique de la Reyne, tout marqué de sang dans l'Histoire, puisque ce fut le dernier de sa vie, qui luy fut arrachée par vn detestable, dont l'on ne doit se souuenir du Nom que pour l'abhorrer.

Ludouicus LXI. Rex Franc. Louis XIII. du nom, surnommé le Iuste LXI. Roy de France.
Fidei & regni expulit hostes.
Ennemis de l'Estat, Ennemis de la Foy,
Vous fustes surmontez & chassez par ce Roy.

Ce grand Prince qui regna trente-trois ans, fit tant de merueilles pendant son regne, remporta tant de Victoires, triompha de tant d'Ennemis, & fit si noblement fleurir son Royaume, qu'on ne doit pas entreprendre d'escrire icy ses actions, le Lecteur les peut lire dans l'Histoire.

Ludouicus LXII. Rex Franc. Louis XIV. surnommé Dieu-donné LXII. Roy de France.
Consiliis Armisque potens.
Ses Armes, son Conseil, sa valeur sans seconde
Le rendent plus puissant que tous les Rois du monde.

Finissons par cet Eloge, qui comprend en peu de mots beaucoup de choses. Toute la Terre est assez remplie du nom de ce puissant Monarque, sans qu'il soit besoin d'estendre icy plus auant sa gloire ; & puis, que peut-on dire qui ne soit au dessous des loüanges qu'il merite ? Tous ces trophées que nous voyons autour des chapiteaux de nos Arcs de Triomphe sont autant de langues qui publient ses incomparables actions. Ses victoires remportées, cette Paix qui donne le repos à toute la France, & cet Auguste Mariage qui lie si estroitement les deux Couronnes, Quittons donc ces portraits, & puisque nous somes paruenus au dernier qui n'est qu'vne table d'attente pour le Dauphin qui doit naistre vn iour, admirons ces autres Machines, ces bazes, ces Colomnes, ces frises, ces corniches, & ces reliefs où l'art ioint à la Nature fait le plus bel effet qui se puisse jamais concevoir dans le monde.

Les premieres qui se presentent à mes yeux sont celles de la Porte S. Antoine, qui veritablement n'auront rien de comparables. D'abord que le Roy & la Reine approcheront du Fauxbourg, ils trouveront vers la barriere qui sert comme de fausse porte, vne grande salle ou salon, ouuerte de trois costez, accompagnée d'vne gallerie qui joint vne maison voisine: Là le Trône sera posé sur vne hauteur raisonnable, afin que leurs Majestez puissent voir plus commodement l'Arc de Triomphe qui sera la premiere porte pour l'Entrée, & qui est en face de cette salle, où la Reine receura les hommages de tous les Corps de la Ville de Paris; & où Messieurs les Preuost des Marchands & Escheuins doiuent presenter les clefs, ensuite de leur harangue.

La seconde, qui est cet Arc de Triomphe si superbe & si magnifique d'vne hauteur à perte de veuë, est embelie de trois portes, vne grande au milieu, & deux plus petites aux deux costez pour faciliter l'entrée de la Cour qui doit estre extraordinairement nombreuse: sur les quatre colomnes de ce superbe bastiment seront posées quatre figures qui representent les quatre Vertus Cardinales, la Prudence, la Iustice, la Force, & la Temperance: Ses enfoncemens seront enrichis de decorations magnifiques qui representeront les batailles & les victoires de Lovis XIV. auec plusieurs trophées. Du faiste de cette Machine cent drappeaux déployez sortiront, & dans les estages inferieurs la Musique aura sa place, aussi bien que les tambours, les trompettes, les fifres, & tout ce qui pourra contribuer au diuertissement.

De ce Portique, marchant tout du long du Faux-bourg Le Roy & la Reyne arriueront imperceptiblement aux acclamations de *Vive le roy*, à la porte de la Ville, leurs Majestez jetteront la veuë sur deux Figures en relief posées sur leur pied d'Estail, dont l'vne represente Hercule, & l'autre Pallas, celle-cy ayant ces mots pour Deuise.

Consilio Victrix.
Par mes sages Conseils j'ay cette illustre gloire
Que je gagne en tout temps, & par tout la Victoire.

Et celuy-là pour les autres,

Educuit robore Terras.
La force de mon bras qui n'eut point de seconde,
Fit triompher la Paix sur la Terre & sur l'Onde.

plus

Plus auant elles considereront encore vn portique superbe & solide, puisqu'il est de pierre, & que c'est la fausse Porte pour entrer au Faux-bourg S. Antoine: Sur l'extremité du chapiteau de cette porte est vne haute statuë qui tient vn flambeau dans ses mains, deux pyramides delicates au possible paroissent aux deux costez de cette figure; & sur leurs termes ou pointes deux fleurs de lys d'or à quatre angles iettent vn éclat merueilleux. Au pied de cette Déesse, deux autres couchées & appuyées tiennent d'vne main les Armes de France, & les bastons Royaux, & de l'autre vne Couróne d'or entrelassée de palmes, cependant que les 2. autres mains sont employées à se iurer la Paix qu'elles posent pour cet effet sur vn carreau releué d'or & garny aux 4. coins de houppes meslées d'or & de soye; Cette representation signifie l'Alliance des deux Couronnes, & la Paix iurée entre les Roys de France & d'Espagne. Dans le fonds est posé l'Escusson aux Armes de France & de Nauarre, entouré des deux Ordres, auec deux trophées de chaque costé, le tout releué d'or & d'azur d'vn artifice incroyable: sous les pyramides sont encore deux trophées à cottes d'armes azurées, & sous les corniches & frises qui seruent d'ornement est vne grande table de marbre noir, où l'on lit en lettres d'or cette Inscription, dont les mots sont autant d'Eloges:

Paci,
Victricibus Ludouici XIV. armis,
Felicibus Annæ Consiliis,
August. Mariæ Theresiæ Nuptiis,
Assiduis Iulij Cardinalis Mazarini curis
Partæ, fundatæ, æternum firmatæ,
Præf. vrbis, Ædili. sacrauere, Anno 1660.

Qui veut dire mot pour mot,

A la Paix,
Acquise par les Armes victorieuses de Louis XIV.
Par les Conseils salutaires d'Anne d'Austriche,
Fondée & pour iamais affermie
Par les Augustes Nopces de Marie Therese,
Et par les soins assidus de Iules Cardinal Mazarin,

Le Preuost des Marchands, & Escheuins, ont consacré cette porte Triomphante, l'an 1660.

F

Voila ce qui se remarque sur ce beau Portique aussi bien que deux Figures qui sont au dessus de deux petites Portes à costé, placées dans leurs niches, qui representent l'espoir de la France, & la sureté publique, auec ces Deuises.

Spes Gallica.

Et

Securitas Publica.

Ie suis de nos François la plus ferme Esperance,

Et moy la sureté du Throne de la France.

De là leurs Majestez trauersant toute la ruë S. Antoine, & s'estant arrestées dans la Magnifique Maison de Madame de Beauuais se rendront vers le Cimetiere Saint Iean, où elles verront sans doute le plus agreable spectacle que l'industrie humaine puisse inuenter; Ce sera le Temple superbe des Muses, qui y seront toutes representées chacune sur vn pied destail, ayant Apollon au milieu de leur trouppe, elles tiendront dās leurs mains les Instrumēs conuenables à leur ministere. Les anciens Poëtes, Latins, Grecs, & François, y seront representez, tenans dans leurs mains plusieurs Deuises en Vers tant Françoises que Latines, pour seruir d'explication à diuerses figures Enigmatiques. Apres vne pose raisonnable elles continueront leur marche le long de la ruë de la Tisseranderie & trauerseront au milieu pour passer deuant l'Hostel de Ville, qui sera parée de riches tapisseries. De là Elles iront le long de la ruë de la Vannerie pour passer sur le Pont Nostre-Dame; où depuis les Images des Rois dont j'ay fait la description, on a encore adiousté dans quatre Niches qui sont aux deux bouts dudit Pont, les Portraits en relief, sçauoir à l'vn de Saint Louis, & d'Henry le Grand quatriéme du nom, & à l'autre Louis le Iuste treisiéme du nom, & de nostre Auguste Monarque Louis quatorziéme. Ainsi passeront nos Testes Couronnées jusqu'à la porte de la grande Eglise, où mettant pied à terre, Elles rendront graces à Dieu du glorieux succez de leurs entreprises, de la Paix qu'il accorde à toute la Chrestienté, & d'vn Mariage qui doit cimenter l'Alliance des deux plus Grands Roys du monde. Leurs prieres finies Elles tourneront par le Marché Neuf, au bout duquel il y a vn Arc de Triomphe qui ne cedera point en beauté aux autres qu'Elles auront veuës.

C'eſt là que Mercure ſera repreſenté auec la France, ſous la figure d'vne Femme, qui feront voir au Roy le Tableau de ſes Victoires & l'Abbregé de ſes Triomphes. Les Chœurs de Muſique rangez dans leurs ordre enchanteront agreablement les oreilles, & les Concerts de Luts & de Violons compoſeront en ce lieu vne delicieuſe Harmonie; Laiſſant cePortique, Elles ſe rendront à la place Dauphine, où comme le dernier repoſoir, tout doit eſtre Superbe & Magnifique ; Vn Arc de Triomphe dont le ſommet ſe perd dans les nuës ſera l'entrée de cette Royalle Place, les decorations que l'on y doit appoſer ſurpaſſent tout ce qu'on en peut écrire : Ce ne ſont que Trophées, que Victoires, & que Deſcriptions au Pinceau, de noſtre Incomparable Monarque : Il n'eſt point de coing qui ne ſoit employé, ny d'eſpace qui ne ſoit orné ou de Feſtons, ou de Muffles, ou de Groteſques agreables à la veuë, les voix s'y feront entendre, & la Symphonie impoſera vn agreable ſilence. Que d'admirateurs, & que de Panegyriſtes en cette occaſion ! celuy-cy louëra les Bruns, & les Beaubruns, qui ſe ſont ſurpaſſez dans toutes ces Peintures, & celuy-là donnera des Eloges à la Muſique, & à ceux qui doiuent courir dans la Place ; parce que quand leurs Majeſtez y ſeront arriuées il doit y auoir vn Carouſel auſſi ſurprenant que l'on ait iamais veu, c'eſt pour cette raiſon qu'on a dreſſé des Theatres en formes de Cirque ou de demi rond afin que tout le monde puiſſe plus facilement jouyr de la veuë d'vn ſi beau ſpectacle ; Auſſi ſera-ce la cloſture du Triomphe, puis qu'enſuitte de cette merueille, leurs Majeſtez prendront leur route ſur le Pont-Neuf, pour ſe rendre au Louure, où Elles ne pourront arriuer qu'aux Flambeaux qui ſeruiront de ſignal pour allumer les Lanternes aux feneſtres, & les feux dans toutes les ruës, pendant que les Canons, les Mortiers, & les Boëtes feront vn agreable Tintamarre dans l'air, & ſembleront dire en leur lâgage, qui leur eſt bien plus doux de tonner au Triomphe & au Mariage de noſtre grand Monarque, qu'aux combats, & aux Campagnes de la Guerre.

FIN.

www.ingramcontent.com/pod-product-compliance
Lightning Source LLC
Chambersburg PA
CBHW030112230526
45471CB00003B/1378